AIT DE
NNANCE

SUR

LE SERVICE DES PLACES

Du 1.er Mars 1768,

Modifié d'après les réglements postérieurs,

A L'USAGE DES

SOUS-OFFICIERS ET BRIGADIERS.

A METZ,

chez VERRONNAIS, Imprimeur-Éditeur et Lithographe,
pour l'art militaire, rue des Jardins, n.° 14.

1848.

EXTRAIT
DE
L'ORDONNANCE
SUR
LE SERVICE DES PLACES
Du 1.er Mars 1768,

Modifié d'après les règlements postérieurs,

A L'USAGE DES

SOUS-OFFICIERS ET BRIGADIERS.

EXTRAIT DE
L'ORDONNANCE
SUR
LE SERVICE DES PLACES
Du 1.er Mars 1768,

Modifié d'après les règlements postérieurs,

A L'USAGE DES

SOUS-OFFICIERS ET BRIGADIERS.

A METZ,
Chez VERRONNAIS, Imprimeur-Éditeur et Lithographe, *pour l'Art militaire*, rue des Jardins, n.o 14.
1845.

EXTRAIT DE
L'ORDONNANCE
SUR
LE SERVICE DES PLACES
Du 1.er Mars 1768,
Modifié d'après les règlements postérieurs.

(CAVALERIE.)

TITRE III.

De l'arrivée des troupes dans les places [1].

Si les troupes doivent être fouillées par les employés des douanes, le régiment se met en bataille au pied du glacis. L'on fait ouvrir les rangs et mettre pied à terre, chaque cavalier ayant son porte-manteau devant lui : alors deux employés des douanes passent en même temps, un devant chaque rang, accompagnés d'un adjudant-major, et visitent successivement les porte-manteaux et même les habits, s'ils soupçonnent que les cavaliers

[1] Voir l'ordon. du 2 novembre 1833.

aient de la contrebande sur eux : les officiers feront arrêter ceux dans les habits et les équipages desquels il s'en sera trouvé.

Les domestiques et les équipages sont visités de même par les employés des douanes, en présence d'un adjudant-major.

TITRE IV.

Des bans qui doivent être battus à la tête des troupes.

A l'arrivée d'une troupe dans une place, soit pour y tenir garnison ou y passer seulement, le secrétaire-archiviste, ou à son défaut celui que le commandant de la place préposera à cet effet, publiera à la tête de ladite troupe un ban pour défendre, sous les peines portées par les ordonnances, à tous cavaliers de s'éloigner de la place au-delà des limites qui leur seront indiquées ; de mettre le sabre à la main dans la place ou hors de la place, d'y commettre aucun vol ou désordre dans les maisons, jardins et autres lieux des environs.

Dans les places où les troupes ne devront pas être casernées, il sera défendu de s'établir en d'autres logements que ceux portés par leurs billets, sous peine de quinze jours de prison, et de ne rien exiger de leur hôte qu'un lit garni pour deux, place au feu et à la chandelle.

Le commandant de la place fera ajouter à ces défenses celles qu'il jugera nécessaires, relativement aux circonstances et au service particulier de la place.

Il sera dressé et publié un autre ban, par les soins de qui de droit, portant injonction aux habitants, qu'en cas de contravention aux défenses susdites, ils aient à le venir déclarer incontinent, et porter leur plainte, d'abord au commandant de la troupe, et ensuite, en cas de refus de justice de sa part, au commandant de la place, pour en être fait justice sur-le-champ.

Les peines attachées à chaque délit seront toujours spécifiées dans la publication des bans.

Les lieutenants du roi tiendront la main à ce que les officiers municipaux donnent connaissance aux habitants des défenses qui auront été faites, afin qu'aucun n'en prétende cause d'ignorance.

TITRES V, VI.

Du logement et de l'établissement des troupes dans leurs logements.

Voyez la loi du 10 juillet 1791 et le règlement du 17 août 1824, inséré au *Journal militaire*, 2.e semestre, page 175.

TITRE VII.

Du service des troupes dans les places[1].

Les troupes font la garde nuit et jour dans les places de guerre ; et elle est relevée toutes les vingt-quatre heures.

Indépendamment de la garde, il y a plusieurs autres espèces de services qui sont distingués et commandés par des tours séparés, comme il est prescrit ci-après (titre VIII).

En temps de guerre, le service est réglé par les commandants des places, relativement à la proximité de l'ennemi et à la sûreté de la place.

[1] Voyez le décret du 24 décembre 1811 et l'ordonnance du 2 novembre 1833 sur le service intérieur.

En cas de siège ou de circonstances particulières, le commandement en chef peut être confié à des *gouverneurs* ou *commandants supérieurs*, pour la durée du siège ou des circonstances. Le commandant de place conserve sous ses ordres le commandement de l'état-major ordinaire, et tout le détail du service et de la police.

Nul ne peut commander dans une place française, s'il n'est Français.

Dans les garnisons composées d'infanterie et de troupes à cheval, à grade égal, l'officier d'infanterie commande.

Dans le cas où la place est assiégée, le commandant ordonne et dispose des troupes de la garnison, de l'artillerie et des ingénieurs, comme il le juge à propos pour la défense de la place.

En temps de paix, la garde est réglée sur le nombre effectif des cavaliers en état de faire le service, et relativement au nombre des sentinelles qui sont nécessaires pour la garde de la place, le maintien du bon ordre et la conservation des ouvrages.

Ce service est réglé de manière que chaque cavalier ait douze nuits de repos et jamais moins de dix.

Chaque cavalier ne doit jamais faire moins de six heures de faction pendant les vingt-quatre heures qu'il est de garde, ni plus de huit heures, mais seulement dans les cas de nécessité absolue, et depuis le 1.er mai jusqu'au 1.er octobre. En conséquence, il est compté ordinairement sur le pied de quatre hommes pour fournir une sentinelle, et, dans les cas indispensables, sur le pied de trois.

Lorsque la garnison ne peut fournir les sentinelles absolument nécessaires sans s'écarter des règles ci-dessus, les lieutenants-généraux commandant la division peuvent augmenter le nombre d'hommes fixé pour la garde en temps de paix, en rendant toutefois compte au ministre de la guerre des motifs qui les y ont engagés.

Le service de la cavalerie est de deux espèces ; savoir : à pied ou à cheval.

Les cavaliers qui montent la garde à pied doivent avoir des postes séparés de ceux de l'infanterie ; et s'il n'y a point d'infanterie dans la place, les détachements que la cavalerie fournit pour la garde, sont disposés de manière qu'il y ait pour la police un poste sur la principale place, et, s'il est possible, une petite garde à chaque porte.

La garde de cavalerie qui monte à cheval est placée sur la place d'armes, pour se porter avec plus de célérité partout où elle est nécessaire. On désigne un endroit pour mettre à couvert les hommes et les chevaux, et pour servir de corps-de-garde.

Indépendamment du service de la garde de la place, la cavalerie fournit tous les détachements au-dehors de la place pour lesquels elle serait commandée.

En cas d'insuffisance de la part des soldats d'artillerie, la cavalerie fournit à défaut de l'infanterie, et sur la demande du commandant de l'artillerie, les hommes de corvée nécessaires pour exploiter et remuer les pièces d'artillerie et munitions de guerre.

TITRE VIII.

De l'ordre à observer dans les places pour commander le service.

Tout le service, tel qu'il soit, est commandé tous les jours à l'ordre général de la garnison par l'adjudant de la place. Les hommes de service sont commandés par les adjudants-majors de leur régiment, suivant le nombre et le genre de service qui ont été demandés au cercle général de la garnison. Les sous-officiers, brigadiers et cavaliers sont commandés dans les escadrons d'après les règles établies au service intérieur.

Il y a pour la cavalerie trois tours de service :

Le premier, pour les détachements ;

Le deuxième, pour les gardes à cheval et les gardes d'honneur ;

Et le troisième, pour les gardes à pied. Il faut y joindre, en vertu de l'article 58 de l'ordonnance sur le service en campagne :

Les corvées non armées au-dedans et au-dehors ;

Les détachements qui assistent aux exécutions.

La garde d'écurie forme un tour de service à part, et compte avant les corvées.

Le service à cheval commence par la tête du régiment, et le service à pied par la queue.

Les différents détachements de cavalerie sont commandés, composés et formés de la manière prescrite par les ordonnances d'exercices de la cavalerie.

Dans les places où il y a plusieurs régiments, chacun d'eux fournit les détachements nécessaires pour compléter la garde ; les différents postes et détachements, pour quelque service que ce soit, ne doivent jamais être mêlés d'officiers, sous-officiers ou cavaliers de différents régiments.

Les détachements sont censés faits, lorsqu'ils ont passé la dernière barrière de la place.

TITRE IX.

De l'ordre à observer dans les régiments pour commander le service.

Les adjudants-majors des régiments feront commander, sur tous les escadrons du régiment, le nombre d'officiers, de sous-officiers, brigadiers, cavaliers nécessaires pour les différents services qui seront commandés par le major de la place.

A cet effet, ils tiendront un registre pour le service des officiers, et ils feront tenir, par un adjudant sous-officier, et par les maréchaux-des-logis chefs, les contrôles nécessaires pour que tous les escadrons contribuent également au service de la place. (Art. 142 et 170 de l'ordonnance sur le service intérieur.)

Tout sous-officier, brigadier ou cavalier qui, en sortant de l'hôpital, ne paraîtra pas parfaitement rétabli, ne sera commandé pour aucun service qu'il n'ait repris ses forces et qu'il ne soit en état de faire le service sans crainte de rechute.

TITRE X.

De l'assemblée, de l'inspection et de la parade des gardes.

Les détachements qui composent la garde doivent, en tout temps, défiler la parade générale à midi précis, pour se rendre aux postes qu'ils doivent occuper. Dans les départements méridionaux et pendant les fortes chaleurs, la parade peut défiler à dix heures du matin et même plus tôt.

Les fourriers des escadrons dont on a nommé la veille à l'ordre quelque officier, sous-officier ou brigadier pour la garde, se rendent à neuf heures et demie au lieu destiné pour tirer les postes.

L'adjudant de place inscrit sur un registre les noms des postes et ceux des officiers, maréchaux-des logis et brigadiers qui doivent les commander.

Il est fait autant de billets qu'il y a de postes dans la place; sur chacun de ces billets est écrit le nom des postes: ceux où doivent monter les officiers et sous-officiers de chaque grade sont mis séparément. Les fourriers tirent d'abord ceux des capitaines, et successivement ceux des lieutenants, sous-lieutenants, maréchaux-des-logis et brigadiers. A mesure que l'on tire chaque billet, le nom de celui auquel il est échu est écrit sur le registre de l'adjudant de place.

Lorsque, par l'inégalité des postes, le tirage ne peut se faire sur tous les régiments de la garnison, il se forme par régiment en suivant l'ordre de leur ancienneté, et dans le nombre des postes que chacun d'eux doit fournir.

Aucun officier ou sous-officier ne peut prétendre d'autre poste que celui qui lui est échu par le sort.

Les détachements que chaque régiment fournit pour la garde sont assemblés et inspectés dans les quartiers, et conduits ensuite au rendez-vous général de toutes les gardes de la garnison, sur la place d'armes, conformément à ce qui est réglé par l'ordonnance sur le service intérieur. (Art. 54, 130, 142 et 195).

L'adjudant de place reçoit les détachements, vérifie l'exactitude de leur composition et leur assigne leur place de bataille. Les détachements de cavalerie, soit à pied, soit à cheval, sont placés à la gauche de l'infanterie.

L'adjudant de place, avant l'inspection des gardes, les forme par division, afin que la garde se rompe sur un front à peu près égal. A cet effet, lorsqu'il y a plusieurs petits postes, on les joint les uns aux autres, et ils marchent ensemble jusqu'à ce que l'officier qui fait défiler la parade ait commandé : *A vos postes. Marche.*

Pendant que les gardes montantes se forment pour passer l'inspection des armes, le commandant du poste de l'ancienne garde, sur la place d'armes, lui fait prendre les armes et fait débarrasser la place, au moyen de sentinelles, de tout ce qui peut empêcher les nouvelles gardes de s'y mettre en bataille et d'y faire les évolutions nécessaires.

Les officiers et sous officiers de la garnison, dans l'ordre prescrit articles 7 et 142 de l'ordonnance sur le service intérieur, se rangent vis-à-vis la garde et par numéro de régiment, dans l'ordre inverse, c'est-à-dire de manière que ceux du premier régiment se trouvent vis-à-vis la droite de la garde, et ceux du dernier régiment vis-à-vis la gauche.

L'inspection terminée et la parade défilée, les nouvelles gardes sont conduites aux postes où elles doivent se rendre, par des cavaliers d'ordonnance envoyés par les anciennes gardes de ces postes, une demi-heure avant que la nouvelle garde arrive sur la place d'armes. Ces cavaliers d'ordonnance ne sont employés que jusqu'à ce que tous les postes soient bien connus par les troupes de la garnison.

En défilant, les trompettes qui marchent en tête des détachements sonnent *la marche*, dans l'ordre contraire.

Les gardes, pour se rendre soit à la place

d'armes, soit à leurs postes, soit pour rentrer au quartier, portent l'arme au bras ou sur l'épaule droite, et doivent observer le plus grand silence et le plus grand ordre. Les officiers et sous-officiers qui les conduisent en sont responsables.

A cheval, les cavaliers ont le sabre à la main. Ils le remettent pour revenir au quartier en descendant la garde.

TITRE XI.

Du service des gardes dans leurs postes.— Des sentinelles[1].

Lorsque la nouvelle garde approche du poste qu'elle doit relever, celui qui la commande fait porter les armes ou mettre le sabre à la main, et sonner la marche s'il y a un trompette.

L'ancienne garde prend aussitôt les armes à pied ou monte à cheval, et se range comme il est dit article 257 de l'ordonnance sur le

[1] Voir les lois et ordonnances du 21 octobre 1789 et 29 octobre 1820, concernant les attroupements.

service intérieur pour la garde de police. Le trompette, s'il y en a, sonne la marche.

Toutes les fois que les gardes prennent les armes ou se montrent hors du corps-de-garde, elles se rangent toujours dans le même ordre..

De quelque nombre d'hommes que soit composée une garde, elle est toujours partagée en deux ou quatre division, afin que, si les circonstances exigent qu'une garde tire, elle ne se dégarnisse pas à la fois de tout son feu.

Les deux gardes étant formées en bataille, les trompettes cessent de sonner, et les officiers et maréchaux-des-logis des deux gardes s'avancent les uns vers les autres : ceux de la garde descendante donnent alors la consigne à ceux de la garde montante.

Le commandant de la nouvelle garde ordonne ensuite au prmier brigadier, qui se nomme *brigadier de consigne*, d'aller prendre possession du corps-de-garde. Ce brigadier se conforme pour cela à ce qui est prescrit au brigadier de la garde de police, article 271 de l'ordonnance sur le service intérieur.

Pendant que le brigadier de consigne

visite le corps-de-garde avec le brigrdier de la garde descendante, le commandant de la nouvelle garde fait l'inspection des armes.

Les brigadiers d'un même poste partagent entre eux le temps de leur garde, en sorte qu'ils aient un service égal à faire entre eux, soit de jour, soit de nuit. Ils règlent pareillement le temps de la garde des cavaliers, de manière qu'ils aient autant d'heures de faction à faire les uns que les autres. Lorsque ce partage ne peut se faire exactement, le sort en décide. Ils se conforment pour cela à ce que prescrit l'article 272 de l'ordonnance sur le service intérieur.

Le brigadier chargé de poser les sentinelles s'appelle le *brigadier de pose*, Il prend la consigne de celui qui a fait la pose précédente, et ils vont ensemble relever les anciennes sentinelles et poser les nouvelles, lorsque le commandant de la garde le leur ordonne. Le *brigadier de pose* se conforme pour cela à tout ce que prescrit l'article 273 de l'ordonnance sur le service intérieur.

Dans les petits postes commandés par un brigadier, celui-ci est en même temps *brigadier de consigne;* mais il peut se faire aider pour poser et relever les sentinelles par un cavalier de première classe, ou le plus ancien de deuxième classe.

Les consignes générales et particulières de chaque poste doivent être par écrit, collées sur une planche et déposées dans le corps-de-garde du commandant du poste. Les commandants des postes et les brigadiers de consigne se les consignent successivement des uns aux autres [1].

La visite du poste terminée par le *brigadier de consigne*, le commandant de la garde montante envoie relever les sentinelles par le brigadier de pose, comme il est dit ci-dessus.

Pendant qu'on les relève, les commandants des deux gardes visitent ensemble les avenues du poste; celui qui relève prend de l'autre tous les éclaircissements nécessaires sur les consignes et sur le service de son poste.

Les maréchaux-des-logis et brigadiers qui ont été détachés d'une garde, la rejoignent

[1] Voir le règlement sur le casernement, du 17 août 1824, art. 57 et 58.

dès qu'ils ont été relevés. Ils rendent compte à l'officier commandant la garde, et font devant lui l'appel des hommes détachés avec eux.

Le commandant de l'ancienne garde ayant rassemblé tous les petits postes et sentinelles, il les fait rentrer dans les rangs et se met en marche. Les trompettes des deux gardes sonnent *la marche.*

A cinquante pas du poste, il fait remettre le sabre, ou porter l'arme sur l'épaule droite, et ramène la garde au quartier, comme il est dit ci-dessus.

Après le départ de l'ancienne garde, le commandant de la nouvelle lui fait faire *demi-tour à droite,* et ensuite *haut les armes,* pour les placer par division au râtelier d'armes du corps-de-garde. Si c'est une garde à cheval, il fait *remettre le sabre, mettre pied à terre et défiler,* et fait placer par ordre de rang les chevaux dans l'écurie du corps-de-garde.

Aussitôt la garde rentrée, le chef du poste va visiter les sentinelles; il lit avec soin les consignes générales et particulières données à son poste, et il instruit ensuite les maréchaux-des-logis et brigadiers de tout ce qu'ils auront à faire.

Le brigadier de consigne envoie chercher, par des hommes de corvée désignés comme il est dit à l'article 272 de l'ordonnance sur le service intérieur, le chauffage et les chandelles dont les corps-de-garde doivent être fournis. Ces corvées se font en bonnet de police et sans armes, les hommes conservant leur giberne pour marque de service. Chaque poste doit être pourvu d'un brancard, brouette ou panier destiné au transport du chauffage.

Tout chef d'une garde, quelque soit son grade, est obligé de rester à son poste et d'y faire ses repas, sans pouvoir s'en éloigner sous aucun pretexte. Il ne peut quitter ni son sabre, ni ses bottes, pendant tout le temps qu'il est de garde.

Il ne peut donner à boire ou à manger à qui que ce soit, si ce n'est à ceux qui sont de garde avec lui. Il lui est pareillement défendu de jouer dans son poste ou d'y laisser jouer de l'argent.

Tout chef de poste, pendant la durée de sa garde, doit veiller à ce que les hommes de garde remplissent exactement tous leurs devoirs ; il se promène souvent au-dehors du poste, afin de mieux voir ce qui s'y passe.

Il fait l'appel de sa garde toutes les fois qu'il le juge à propos, et particulièrement lorsqu'on relève les sentinelles.

Il fait souvent sortir sa garde avec armes ou sans armes, pour habituer les cavaliers à se former promptement : il punit les plus paresseux. Toutes les fois que la garde est sous les armes ,il la contient dans le plus grand ordre et le plus grand silence.

Il ne permet à aucun homme de garde de s'écarter du poste : il doit leur y être apporté à manger par les soins du brigadier, chef d'ordinaire de leur escadron.

Dans les gardes à cheval, le chef du poste envoie à l'abreuvoir aux heures qui ont été fixées, mais en observant de n'y envoyer jamais qu'une division de la garde à la fois. De même, lorsqu'il a été permis de panser les chevaux, le pansage doit être fait successivement dans chaque division.

Le commandant d'un poste emploie toujours, pour les ordonnances, rapports et reconnaissances, les cavaliers les plus intelligents de la garde.

Les commandants des gardes aux portes reçoivent des consignes particulières concernant les personnes, militaires ou autres, qui se présentent pour entrer dans la place ou en sortir. On exige habituellement que les militaires présentent leur feuille de route ou congé, et les étrangers leur passeport. Le chef du poste tient registre et fait rapport au commandant de la place de toutes les entrées et sorties.

Lorsqu'une troupe se présente pour entrer dans la place, elle est reconnue de la manière suivante par le poste de garde à la porte.

Dès que la sentinelle avancée découvre la troupe, elle appelle la garde, qui prend les armes sur le champ et ferme la première barrière.

La troupe étant arrivée à environ trois cents pas du glacis ou de la barrière, le commandant du poste l'envoie reconnaître par quatre hommes avec un sous-officier, lequel s'avance à trente pas en avant des sentinelles : lorsque la troupe qu'il veut reconnaître est à portée; il fait *apprêter les armes* à ses cavaliers, et crie : *qui vive?* Lui ayant été répondu : *France*, il crie ; *de quel régiment?* et quelque réponse qui lui soit faite, il crie, *halte-là!* Si, après l'avoir répété une troisième fois, la troupe avance toujours, il fait faire *feu* sur elle, se retire derrière la première barrière, qu'il ferme, et il y tient ferme. Pendant ce temps, l'officier de garde fait promptement lever les ponts, et détache la moitié de sa garde sur le rempart pour faire *feu* et protéger son avancée.

Si au contraire la troupe qu'on reconnait s'est arrêtée, le sous-officier, sous quelque titre que la troupe s'annonce, s'avance seul pour la reconnaître encore de plus près, ne devant se fier à cet égard ni à l'uniforme, ni aux autres marques distinctives, et, à moins que le commandant de la place n'ait prévenu à l'avance de l'arrivée de troupe, il en mène le commandant à celui du poste, lequel examine cet officier, le garde à son poste, et rend compte par écrit au commandant de la place. La troupe arrivant reste toujours arrêtée en dehors de la première barrière, jusqu'à ce que le commandant de la place ait envoyé l'ordre de la laisser entrer. Le commandant du poste tient sa garde sous les armes jusqu'à ce que la troupe soit passée.

Le commandant de la place donne des ordres pour que les troupes de la garnison qui sortent pour les exercices puissent rentrer sans retard.

S'il se présente aux portes des tambours ou trompettes venant de l'ennemi, le commandant du poste les fait entrer sur-le-champ dans le corps-de-garde de l'avancée, et en rend compte au commandant de la place. Il ne souffre pas qu'ils parlent à qui que ce soit autre qu'à l'officier qu'envoie le commandant de la place.

S'il se présente des déserteurs des troupes des puissances étrangères, on ne souffre pas qu'ils parlent à personne, et ils sont conduits aussitôt chez le commandant de la place. En temps de guerre et dans les places frontières de l'ennemi, les déserteurs doivent toujours être désarmés avant d'être introduits dans la place. S'ils arrivent en trop grand nombre, les commandants des postes les font rester à la première barrière, et envoient avertir sur-le-champ le commandant de la place.

S'il se présente des voitures couvertes pour entrer dans la place, et si elles paraissent suspectes, elles sont visitées par le consigne de la porte, avec un brigadier et quelques cavaliers, pour examiner si elles ne renferment rien qui tende à sa surprise.

Si quelque voiture vient à casser sur les ponts, le commandant du poste fait aussitôt lever les autres ponts et prendre les armes à sa garde, jusqu'à ce que la voiture ait été retirée.

La garde de la place d'armes est principalement chargée de la police de la place. On renvoie à son poste tous les étrangers, gens sans aveu, habitants ou militaires, faisant du désordre. Le commandant du poste doit de suite faire prévenir le commandant de la place des personnes qui ont été arrêtées, et et de plus le commissaire de police, si ce ne sont pas des militaires. Il se conforme, en ce qui concerne ces personnes, aux décisions de ce fonctionnaire.

Dès que les portes ont été fermées, les

brigadiers posent les sentinelles d'augmentation pour la nuit dans les postes qui leur ont été marqués. Ils les instruisent avec exactitude de ce qu'elles ont à faire, et visitent les autres sentinelles pour leur faire répéter leur consigne.

Tous les commandants de postes redoublent de vigilance pendant la nuit pour que les poses, patrouilles et factions soient faites avec exactitude.

Aussitôt que les portes sont ouvertes, les brigadiers retirent les sentinelles d'augmentation posées pendant la nuit, et font nettoyer et balayer le corps-de-garde, le dessous des portes, les ponts et les environs de leurs postes, par les hommes de corvée.

A neuf heures du matin, les brigadiers de consigne de tous les postes portent chez l'adjudant de place les registres et les boîtes des rondes et patrouilles, avec le rapport par écrit, signé du commandant du poste, de tout ce qui a pu arriver pendant la nuit ou à l'ouverture des portes. Ces boîtes et registres vérifiés par l'adjudant de place, les brigadiers de consigne les portent au corps-de-garde de la place d'armes, les remettent au brigadier de consigne, et retournent à leurs postes.

En cas d'alarme, toutes les gardes prennent les armes ou montent à cheval. Pendant le jour, les commandants des gardes de chaque porte font fermer sur-le-champ les barrières et lever les ponts-levis de l'avancée, et en donnent avis au commandant de la place.

En cas de querelles, disputes, émeutes; troubles publics, tout chef de poste défère aux réquisitions de l'autorité, et emploie sa garde ainsi qu'il est expliqué article 267 de l'ordonnance sur le service intérieur.

Pour de simples disputes, la garde se contente de séparer ceux qui les occasionnent, et ne les arrête qu'autant qu'ils refusent d'obéir. Elle les conduit alors au poste de la place.

Elle arrête de même les gens trouvés exerçant des voies de fait ou de violence contre la sûreté des personnes et des propriétés, telles que batteries, vols, meurtres; toutes celles surprises en flagrant délit. D'après le Code pénal, il y a un flagrant délit:

Lorsque le crime se commet actuellement;

Lorsqu'il vient de se commettre;

Lorsque le prévenu est poursuivi par la clameur publique ;

Lorsque, dans un temps voisin du délit, le prévenu est trouvé saisi d'instruments, d'armes, d'effets ou de papiers faisant présumer qu'il en est auteur ou complice.

Les gardes et patrouilles peuvent entrer dans les cabarets, auberges, cafés et autres lieux publics, pour y mettre le bon ordre, en faire sortir, ou y arrêter ceux qui le troublent ; mais la maison de chaque citoyen est un asile où la troupe ne peut pénétrer sans se rendre coupable d'abus de pouvoir, sauf les cas déterminés ci-après :

1.° Pendant le jour, elle peut y pénétrer en vertu d'un jugement spécial de perquisition décerné par l'autorité civile compétente, qui guide alors les recherches de la troupe.

2.° Pendant la nuit, elle ne peut y pénétrer que dans le cas d'incendie, d'inondation, ou de réclamation venant de l'intérieur de la maison.

Dans tous les autres cas, elle doit prendre seulement des mesures de précaution.

Les militaires qui concourent à une arrestation ou qui la font, n'ont qu'à en faire le rapport, soit au commandant de leur poste, soit au commandant de la place, sans pouvoir dresser des procès-verbaux ou autres pièces judiciaires, qui ne regardent que la gendarmerie ou les autorités civiles.

La garde doit chercher à dissiper par les voies de persuasion tout attroupement tumultueux, même armé; elle ne peut déployer la force des armes que dans les deux cas suivants :

Le premier, si des violences ou voies de fait sont exercées contre elle;

Le second, si elle ne peut défendre autrement le terrain qu'elle occupe, les postes ou les personnes qui lui sont confiées, ou enfin si la résistance aux ordres de l'autorité compétente est telle qu'elle ne puisse être autrement vaincue que par le développement de la force des armes. Dans ce cas l'autorité doit requérir *par écrit* l'assistance de la garde.

Pour faire usage des armes, le commandant de la troupe exige que trois sommations de se retirer paisiblement soient faites aux personnes attroupées par l'autorité civile : à son défaut, et si la troupe se trouve réduite à une extrémité telle qu'elle doive déployer la force, le chef fait alors lui-même les trois sommations de la manière suivante, en les faisant annoncer par plusieurs appels de trompettes :

« Première sommation : *De par la loi,*
» avis est donné que tous attroupements
» sont criminels; on va faire feu; que les
» bons citoyens se retirent. »

« Seconde sommation : On va faire feu;
» que les bons citoyens se retirent. »

« Dernière sommation : On va faire feu;
» que les bons citoyens se retirent. »

Il est recommandé expressément d'énoncer que c'est la première, la seconde, ou la dernière sommation [1].

Après ces formalités remplies, si la résistance continue, la force des armes est à l'instant déployée contre les séditieux, sans aucune responsabilité des évènements, et ceux qui peuvent être saisis ensuite sont livrés aux officiers de police [2].

[1] Voir la loi du 21 octobre 1789.

[2] Loi sur les attroupements, du 10 avril 1831.

En cas d'incendie, le commandant du premier poste où l'on s'en aperçoit envoie sur-le-champ un brigadier et deux cavaliers pour voir si le feu est dangereux. S'il paraît tel au brigadier, celui-ci l'envoie dire aussitôt au commandant du poste, qui y détache de nouveau un certain nombre de cavaliers et un sous-officier ou brigadier, suivant la force du poste, pour empêcher le désordre et faciliter les premiers secours.

Le commandant du poste fait avertir en même temps que l'adjudant et le commandant de place, ainsi que le commandant de la garde de la place d'armes. Ce dernier envoie sur-le-champ un détachement plus ou moins considérable, suivant la force de son poste, pour le joindre à celui de l'autre garde et empêcher conjointement le désordre.

Le commandant du détachement de secours dispose ses hommes en conséquence; il ne laisse approcher que ceux qui portent des seaux, des pompes, des échelles, des crocs, ou autres ustensiles pour éteindre le feu: ils font mettre à part et gardent les effets enlevés des bâtiments incendiés, et le chef du détachement prend les ordres des autorités civiles à défaut des militaires, pour tout ce qui touche au maintien du bon ordre.

Lorsqu'il est arrivé sur le lieu de l'incendie des détachements des troupes de la garnison, le commandant des hommes envoyés par les postes de garde les réunit et les ramène au corps-de-garde.

Les punitions à infliger pendant la garde sont, pour les légères infractions à ce service, une heure ou deux de faction, et les corvées de la garde. Pour les autres fautes, on se conforme au chapitre XXXVII de l'ordonnance sur le service intérieur, et dans les cas graves, le commandant du poste pour faire arrêter le délinquant : il doit alors en rendre compte au commandant de la place.

Aucun homme de garde ne peut être arrêté sans l'autorisation du commandant du poste.

Il n'est jamais posé de vedettes dans l'intérieur d'une place, hors les cas indispensables. La garde à cheval de la place d'armes fournit devant son poste une sentinelle à pied.

Les sentinelles sont relevées de deux heures en deux heures, et pendant les fortes gelées, d'heure en heure, mais l'adjudant de place en avertit à l'ordre.

Autant que faire se peut, il n'est jamais posé de sentinelle qui ne puisse être entendue de son poste, et communiquer avec lui directement ou par des sentinelles intermédiaires.

Avant que les sentinelles partent d'un poste, le brigadier de pose les présente toujours au commandant du poste, qui s'assure si leurs armes sont bien amorcées et garnies de pierres bien assujetties.

Les plus vieux cavaliers sont mis en faction devant les armes et aux postes avancés, les cavaliers de recrue, dans les postes voisins de la garde, afin que les officiers et sous-officiers soient à portée de les instruire de leur devoir.

Les sentinelles ne se laisseront jamais relever ou donner de nouvelles consignes que par les brigadiers de leur poste.

Les sentinelles, pendant le temps qu'elles sont en faction, ne peuvent jamais quitter leurs armes, pas même dans leur guérite :

elles peuvent porter *l'arme au bras* ou *sur l'épaule droite se reposer dessus*, et, pendant les mauvais temps, la porter *sous le bras droit*

Il leur est interdit de s'asseoir, lire, chanter, siffler, ou parler à personne sans nécessité, ni, en se promenant, de s'écarter de leur poste de plus de trente pas.

Les sentinelles se conforment, en cas d'alerte, et pour les honneurs à rendre, à ce que prescrit l'article 276 de l'ordonnance sur le service intérieur, à l'exception qu'elles ne doivent crier *hors la garde* pour le colonel que lorsqu'elles sont en faction au poste du quartier. Elles ne souffrent pas qu'il se fasse aucune ordure ou dégradation aux environs de leur poste.

Les sentinelles font *face en tête* pour rendre les honneurs. Celles postées sur les remparts font face aux personnes ou à la troupe à qui elles rendent les honneurs.

Les sentinelles posées aux magasins à poudre, font faction avec le sabre seulement, ou avec une hallebarde fournie par le garde d'artillerie. Elles posent leur fusil ou mousqueton dans la guérite.

Les sentinelles qui gardent un magasin, quel qu'il soit, n'y laissent entrer personne qu'après en avoir averti le brigadier de garde. Le commandant du poste doit s'assurer que les personnes qui demandent à entrer dans le magasin sont réellement chargées d'en prendre soin.

Les sentinelles devant se tenir fort alertes à observer, du plus loin qu'elles peuvent, tout ce qui se passe à portée de leur poste, elles ne restent dans leur guérite que pendant le mauvais temps, et même alors elles doivent en sortir toutes les fois qu'elles voient s'approcher d'elles, pendant le jour, un officier-général ou supérieur, et pendant la nuit une troupe telle qu'elle soit.

Lorsqu'une sentinelle éloignée du corps-de-garde crie : *à la garde* ou *au feu*, cet avertissement est répété de sentinelle en sentinelle jusqu'au poste, dont le commandant envoie de suite plusieurs cavaliers aux ordres d'un sous-officier ou brigadier, pour arrêter les querelleurs, ou porter secours en cas d'incendie, ainsi qu'il a été dit précédemment.

Quand la garde doit prendre les armes,

la sentinelle crie : *aux armes*. Quand la garde doit sortir sans armes, la sentinelle crie : *hors la garde*.

Les sentinelles ne se laissent jamais approcher de trop près par qui que ce soit, et particulièrement pendant la nuit : elles font passer alors, autant que cela se peut, les allants et venants du côté opposé à celui où elles sont posées, en leur criant : *Passez au large*.

Lorsque la nuit est fermée, ou bien à l'heure fixée par les ordres de la place, les sentinelles crient : *qui vive?* sur tout le monde. Si, après qu'une sentinelle a crié trois fois *qui vive*, on continue de s'approcher d'elle sans répondre, elle crie : *halte-là!* et avertit en même temps qu'elle va tirer. Si, malgré cet avertissement, on continue de s'avancer pour vouloir la forcer, elle tire et appelle la garde.

Les sentinelles placées sur les remparts n'y laissent passer, pendant la nuit, absolument que les rondes et les patrouilles. Elles *apprêtent les armes* lorsqu'elles croient devoir se mettre en défense.

Pour la reconnaissance des rondes et patrouilles, les sentinelles se conforment à ce que prescrit l'article 282 de l'ordonnance sur le service intérieur, et le brigadier de garde, ainsi que le chef de poste, à ce que prescrit l'article 274.

Les sentinelles dirigent la circulation des voitures entre les portes et l'avancée de la manière suivante :

Avant de laisser entrer aucune voiture, la sentinelle de l'avancée crie : *Arrête là-bas*. A ce cri, répété de sentinelle en sentinelle jusqu'à celle de la porte de la place, cette dernière empêche toute voiture de sortir. Dès qu'elle est sûre qu'il n'y en a point entre les portes, elle crie : *marche*, ce qui est répété de sentinelle en sentinelle jusqu'à celle de l'avancée, qui fait alors défiler les voitures de distance en distance, de manière que tous les points ne soient point embarrassés en même temps, et que l'on en puisse toujours lever un en cas de besoin.

Pendant que les voitures du dehors entrent, la sentinelle de la porte fait ranger les voitures qui se présentent pour sortir, de manière qu'elles n'embarrassent pas le passage.

Lorsque toutes les voitures arrivantes sont passées, cette sentinelle crie à son tour : *Arrête là-bas.* Cette parole étant parvenue à la sentinelle de l'avancée, elle répond : *marche*, et l'autre sentinelle fait mettre en marche les voitures qui veulent sortir.

Les sentinelles ne souffrent point qu'aucune voiture s'arrête entre les portes ni sur les ponts-levis, ou sous les orgues, grilles ou herses. Elles empêchent aussi de trotter ou galoper sur les ponts-levis.

TITRE XII.

De l'ouverture et de la fermeture des portes.

Les portes des places sont fermées, en temps de paix comme en temps de guerre, aux heures fixées par les commandants de place, et ne sont ouvertes qu'une demi heure avant le lever du soleil, à moins d'une nécessité absolue.

Les clefs des portes de la place sont entre les mains du commandant de place, et distribuées, matin et soir, par un officier de l'état-major, à ceux qui doivent venir les chercher.

Une heure avant la fermeture des portes, le trompette de la garde monte sur le parapet du rempart pour y sonner *la retraite*. Une cloche est sonnée à la même heure, pour avertir les habitants, gens de la campagne ou autres passagers, qui voudraient entrer dans la ville ou en sortir.

Une demi-heure après que la cloche a sonné, deux cavaliers de chacune des gardes aux portes et les portiers, vont chercher les clefs chez le commandant de la place. S'il n'y a pas de portier, un des deux cavaliers est sans armes et porte les clefs.

Lorsque l'officier de l'état-major de la place a remis les clefs aux portiers ou aux cavaliers qui les remplacent, ceux-ci retournent sans perte de temps à leur poste, marchant escortés par les hommes armés.

En même temps qu'on va chercher les clefs, le commandant de la garde à l'avancée détache un sous-officier et quatre cavaliers pour se placer à la première barrière, avec ordre d'examiner, encore plus sérieusement que dans le reste du jour, les personnes qui pourraient s'y présenter. Si le poste de l'avancée n'est pas assez considérable pour fournir ce petit détachement, c'est la garde de la porte qui le fournit.

Les clefs arrivant aux portes, le commandant du poste fait prendre les armes à sa garde, en attendant l'officier de l'état-major de la place qui doit fermer les portes.

A l'arrivée de cet officier, le commandant porte sa garde près de la porte, la partage en double haie, fait porter les armes, et envoie deux hommes jusque sur le pont-levis. Il donne ensuite à l'officier de l'état-major deux hommes pour l'escorte des clefs.

Cet officier se porte, avec son escorte, à la barrière la plus avancée, qu'il ferme à la clef après qu'on a retiré les sentinelles extérieures. C'est en passant à portée des postes du dehors qu'il leur donne le mot d'ordre, ainsi qu'aux ordonnances des postes plus éloignés, comme il est expliqué au titre XIII.

En retournant vers la place, l'officier de l'état-major ferme successivement les autres portes et barrières, et fait lever les pont-levis. Le brigadier de consigne éclaire avec un falot celui qui ferme les portes La garde de la porte ou des avancées fournit des hommes pour aider aux manœuvres nécessaires. Ces hommes ont leurs armes à la grenadière ou au crochet et rentrent avec l'officier de l'état-major.

Les commandants des gardes à qui les portes sont confiées s'assurent, à mesure qu'on les ferme, que les verrous, serrures et cadenas sont effectivement bien fermés.

Pendant tout le temps que dure la fermeture des portes, le trompette *sonne la marche* sur le parapet du rempart. Si cependant on ouvre la porte pendant la nuit, il n'est fait aucune sonnerie.

Les portes fermées, les clefs sont reportées chez le commandant de la place dans le même ordre qu'on les a été chercher, et le commandant du poste fait rentrer sa garde.

Les clefs sont mises sur une table chez le commandant de la place, et les deux cavaliers qui les ont escortées les gardent jusqu'à ce qu'ils soient relevés par ceux qui escortent les clefs d'une autre porte, et ainsi successivement, jusqu'à ce que, toutes les clefs étant arrivées, l'adjudant de place chargé de les rassembler les fasse renfermer après avoir vérifié s'il n'en manque point.

S'il est bon d'ouvrir les portes pendant la nuit, on ne les ouvre qu'en présence d'un adjudant de place et en prenant les précautions prescrites ci-après pour l'ouverture des portes.

Au point du jour, tous les trompettes montent sur le parapet et y sonnent le réveil.

Une demi-heure avant l'ouverture des portes, on va chercher les clefs, et, en attendant leur arrivée, la garde prend les armes, et se place de la même manière qu'il a été prescrit pour la fermeture des portes.

Le commandant de la garde fait aussi monter des sous-officiers sur le rempart pour écouter et découvrir s'il ne se passe rien de suspect en dehors de la place.

A mesure que l'officier de l'état major de la place, suivi des agents nécessaires pour ouvrir les portes et des détachements commandés pour faire la découverte, passe les ponts-levis et barrières pour arrriver à la plus avancée, on doit relever les ponts-levis et fermer les barrières derrière lui.

Lorsqu'il n'y a pas de garde de nuit dans

les ouvrages avancés, le commandant de la garde de la porte envoie un petit détachement avec l'officier de l'état-major.

La garde à cheval de la place d'armes fournit le nombre de cavaliers nécessaire pour la découverte. S'il n'y a pas de garde à cheval, les découvertes sont fournies par les régiments de cavalerie d'après l'ordre du commandant de la place. Il doit y avoir au corps-de-garde de chaque porte une instruction pour les commandants des découvertes.

Enfin, s'il n'y a point de détachements commandés pour ce service, le commandant de la garde de la porte fait, pour y suppléer, sortir avec l'officier de l'état-major un sous-officier et quelques cavaliers de sa garde.

L'officier de l'état-major étant arrivé à la barrière la plus avancée, l'ouvre pour laisser sortir la découverte, et la referme aussitôt après.

On fait retirer à trente pas du corps-de-garde toutes les personnes qui se présentent dans ce moment pour sortir de la place, et l'on oblige de s'éloigner de la barrière à cent pas au-dehors, toutes les personnes qui se présentent pour entrer dans la place.

A la rentrée d'une découverte, celui qui la commande rend compte au commandant de la garde de la porte par laquelle il rentre, de ce qu'il a vu en faisant sa découverte. Sur son rapport, et après que les hommes et les voitures qui attendent ont été reconnus, les barrières et les portes, tant de l'avancée que de la place, sont ouvertes et les ponts-levis baissés. Les gardes restent sous les armes jusqu'à ce que tout soit entré dans la place.

Les jours où il fait assez de brouillard pour qu'on ne puisse pas découvrir à un certain éloignement, on redouble de précautions pour les reconnaissances ; on n'ouvre pas entièrement les barrières que le brouillard ne soit dissipé, et la moitié de la garde de l'avancée se relève alternativement près de la première de ces barrières.

TITRE XIII.

De l'ordre et du mot.

L'ordre se donne tous les jours sur la place d'armes, immédiatement après que la garde a défilé. *Le mot* se donne le soir, après la fermeture des portes.

Les officiers et les sous-officiers d'ordre étant formés sur la place d'armes ainsi qu'il est prescrit articles 7 et 142 de l'ordonnance sur le service intérieur, l'adjudant de place fait battre *à l'ordre* immédiatement après que la parade a défilé.

A ce signal, les sous-officiers et brigadiers forment leur cercle particulier par régiment. Ceux-ci se placent à quatre pas derrière les sous-officiers, ils font face en dehors du cercle et présentent les armes.

L'adjudant de place entre dans le grand cercle de l'infanterie, avec un adjudant-major par régiment d'infanterie et de cavalerie, lesquels forment un petit cercle autour de l'adjudant de place, en se plaçant par numéro de régiment et finissant par les officiers de cavalerie.

L'adjudant de place nomme les officiers de garde, ceux de ronde, de visite d'hôpital et d'autres services; il ordonne le nombre de postes que chaque régiment doit fournir dans l'intérieur de la place; il commande les détachements pour les postes extérieurs, escortes ou corvées, et il explique les ordres particuliers du commandant de la place.

Au commandement *rompez le cercle*, les adjudants-majors se rendent au cercle de leur régiment pour y donner l'ordre, conformément à ce qui est prescrit articles 54 et 142 de l'ordonnance sur le service intérieur.

L'ordre est communiqué aux officiers d'escadron par les sous-officiers d'ordre, comme il est prescrit en la même ordonnance, articles 171 et 204. Si l'officier que l'ordre concerne n'est pas à la parade, le sous-officier chargé de le lui communiquer doit le lui porter à son logement, et, s'il n'est pas chez lui, le laisser par écrit.

Le mot est composé ainsi qu'il est prescrit titre V de l'ordonnance sur le service des troupes en campagne. On ne donne aux sentinelles que *le mot de ralliement*.

Immédiatement après la fermeture des portes, les commandants des postes de l'intérieur de la place envoient, sur la place d'armes, un sous-officier de leur garde pour prendre *le mot* au cercle, où il se place suivant le numéro de son régiment.

Si le poste est commandé par un sous-officier, c'est le brigadier qui va à l'ordre; et, s'il est commandé par un simple brigadier, c'est un cavalier de première classe, ou celui de deuxième classe désigné par le brigadier comme le plus intelligent.

Les postes extérieurs reçoivent *le mot* de l'officier de l'état-major de la place qui ferme les portes. Les postes éloignés envoient à l'avancée de la porte la plus voisine un sous-officier, brigadier ou cavalier, suivant la force du poste, pour recevoir *le mot* de l'officier de l'état-major.

L'adjudant de place ayant fait former le cercle aux hommes envoyés des différents postes sur la place d'armes pour recevoir *le mot*, le commandant de la garde de la place envoie un brigadier et six cavaliers qui se placent à quatre pas à l'entour du cercle et présentent les armes en dehors.

L'adjudant de place entre alors dans le cercle, précédé du brigadier de consigne de la garde de la place d'armes, qui porte un falot pour l'éclairer. Il appelle ensuite à l'ordre, et, faisant le salut militaire, il donne *le mot* au sous-officier du plus ancien régiment, qui le donne au sous-officier placé à sa gauche, celui-ci au troisième, et ainsi de suite jusqu'au dernier cavalier, qui le rend à l'adjudant de place.

Si l'adjudant de place trouve que le mot ait été changé, il le donne une seconde fois dans la même forme, ce qui est répété autant de fois qu'il est nécessaire. Ensuite il commande : *Rompez le cercle.* Tous les sous-officiers retournent à leurs postes porter le mot au commandant.

En donnant ou recevant l'ordre, soit au cercle, soit au poste, les officiers et sous-officiers le donnent à l'oreille et font le salut militaire.

TITRE XIV.

De la retraite et des patrouilles de police.

La retraite générale de la garnison est sonnée à l'heure fixée par le commandant de la place.

Tous les trompettes des régiments de cavalerie, conduits par leurs trompettes-majors, se réunissent, sur la place d'armes, aux tambours de la garnison, une demi-heure avant l'heure de la retraite.

A l'heure fixée, tous les tambours commencent à battre *la retraite* au signal que leur en donne le tambour-major du plus ancien régiment. Ils suspendent un moment cette batterie pour laisser les trompettes sonner ensemble la reraite; après quoi les tambours reprennent la retraite et continuent de la battre depuis la place d'armes jusqu'au quartier de leur régiment.

Les trompettes retournent de même jusqu'à leur quartier, en sonnant la retraite d'intervalle en intervalle.

Les commandants de place affectent quelquefois, aux tambours ou trompettes des différents régiments, des quartiers particuliers pour y battre ou sonner la retraite; auquel cas les tambours ou trompettes se séparent de leur troupe au débouché du quartier qui leur est désigné, et ils cessent de battre ou sonner au lieu qui leur a été prescrit.

Dans les cas extraordinaires et en temps de guerre, lorsqu'on fait sonner une retraite pour les habitants par la cloche du beffroi ou toute autre à ce destiné, les sentinelles une heure après cette retraite sonnée, ne laissent passer personne dans les rues, soit officier ou habitant, qu'il ne porte ou fasse porter du feu devant soi.

Le commandant de la place règle le nombre des patrouilles qui doivent parcourir les rues depuis le commencement de la nuit jusqu'au jour, et leur prescrit le chemin qu'elles ont à parcourir.

Ces patrouilles, commandées tous les soirs à l'ordre par l'adjudant de place, sont tirées des postes intérieurs de la place et sous les ordres d'un brigadier ou cavalier de première classe.

Pour assurer l'exactitude du service des patrouilles, il est distribué, à la garde montante, et remis au cavalier d'ordonnance de chaque poste, des marrons (ou des pièces de cuivre ou de fer-blanc) sur lesquels le numéro et l'heure des patrouilles sont écrits. Les chefs de patrouilles sont obligés de les porter et de les déposer dans des boîtes destinées à cet usage et placées dans certains postes qu'on indique aux patrouilles.

L'adjudant de place a la clef de ces boîtes qui lui sont portées tous les matins par le brigadier de consigne de chaque poste. Il vérifie, au moyen des marrons, si les patrouilles ont été faites exactement.

Ces patrouilles arrêtent et conduisent au

corps-de-garde de la place toutes les personnes qui pourraient avoir quelques débats et querelles, et tout militaire faisant du désordre, ou qui, après la retraite battue ou sonnée, se trouverait dans les rues ou dans les cabarets et cafés, sans même y faire du bruit. Les délinquants arrêtés sont conduits au corps-de-garde de la place.

Les commandants des patrouilles observent, tant en allant qu'en revenant, la vigilance des sentinelles postées sur le chemin qu'ils ont à parcourir : ils informent sur-le-champ le commandant du poste, et le lendemain l'adjudant de place, de toutes celles qu'ils ont trouvées en faute.

Lorsque les patrouilles se rencontrent, la première qui découvre l'autre crie : *qui vive?* l'autre répond : *patrouille* (tel) *régiment*. La première s'annonce ensuite, et, si leur chemin est de se joindre, le brigadier du régiment qui est le dernier dans l'ordre de bataille donne le mot à l'autre, qui lui rend le mot de ralliement. Si les deux patrouilles sont du même régiment, le brigadier dont la patrouille a crié *qui vive* la première reçoit le mot d'ordre et rend celui de ralliement.

Lorsque la patrouille rentre à son poste, elle répond au *qui vive* de la sentinelle : *patrouille finie*. Il est d'usage qu'alors on ne vienne pas la reconnaitre, à moins d'ordre contraire.

TITRE XV.

Des rondes.

Le commandant de la place règle le nombre et l'espèce des rondes, et fixe les heures où elles doivent être faites selon les saisons.

Les officiers et sous officiers commandés de ronde prennent le mot du sous-officier de service au poste désigné par le commandant de la place, d'où ils doivent partir pour commencer la ronde.

Les rondes font le tour du rempart en entier, revenant aboutir au poste d'où elles sont parties. Dans les places d'une grande étendue, elles sont réglées de manière à ce que chaque ronde ne parcoure que la moitié ou le tiers du rempart.

En temps de guerre, ou dans les circonstances extraordinaires, les commandants de place ordonnent quelquefois des doubles rondes et contre-rondes qui se croisent avec les rondes ordinaires.

L'adjudant de place tient un registre où sont écrits chaque jour le nom et le grade des officiers et sous-officiers de rondes, lesquels sont commandés à l'ordre en même temps que les autres services. Les tours de ronde sont distribués en même temps et de la même manière que les postes de garde.

L'exactitude du service des rondes est constatée, comme celui des patrouilles, par des marrons que les officiers ou sous-officiers de ronde déposent dans les corps-de-garde indiqués, ou par leur signature apposée sur un registre à ce destiné dans les autres corps-de-garde. Il y en a même où ils doivent, indépendamment de leur signature, laisser aussi un marron.

Les officiers et sous-officiers commandés pour les rondes ne peuvent les faire qu'à pied, et sont tenus de se faire éclairer par un falot, qui leur est fourni par le premier poste d'où commence la ronde. Un soldat ou cavalier de ce poste porte le falot devant l'officier; le sous-officier le porte lui même.

Des officiers ou sous-officiers de ronde suivent exactement le parapet des ouvrages dans lesquels ils passent. Ils examinent si les sentinelles sont bien exactes à leur faction, s'il n'y en a point d'endormies, et s'il n'en manque Point. Ils avertissent les commandants des postes dont ils ont surpris les sentinelles en faute ou en négligence.

Ils montent de temps en temps sur le parapet, pour voir ou écouter ce qui se passe au-dehors de la place. S'ils découvrent quelque chose qui intéresse la sûreté de la place, ils en avertissent sur-le-champ les postes voisins, et se rendent tout de suite chez le commandant de la place pour l'en informer.

Si ce qu'ils ont découvert n'est que contre le bon ordre et la police, ils préviennent seulement le poste le plus à portée d'y remédier, et en instruisent le lendemain par écrit l'adjudant de place.

Toutes les fois qu'ils doivent donner ou recevoir le mot, ils mettent la main sur la garde de leur épée ou sabre, sans faire le salut.

Lorsque les rondes se rencontrent, la première qui découvre l'autre crie: *qui vive?*

l'autre répond : *ronde*, en désignant de quelle espèce ; la première s'avance ensuite, et, lorsqu'elles se joignent, l'officier du garde inférieur, ou, si le grade est égal, l'officier ou le sous-officier du régiment qui est le dernier dans l'ordre de bataille donne le mot.

Tout officier-général, gouverneur ou autre commandant de place peut faire sa ronde à cheval, sans être tenu d'en descendre en aucun cas. Il se fait accompagner par un caporal ou brigadier et quatre fusiliers ou cavaliers de la garde de la place d'armes ; un soldat ou cavalier de la même garde porte le falot. Cette escorte est relevée successivement de poste en poste.

L'adjudant de place, ou, à son défaut, l'officier de l'état-major qui fait chaque soir la ronde après le mot donné, peut aussi la faire à cheval. Il est accompagné de deux fusiliers ou cavaliers et un soldat portant le falot, lesquels sont relevés successivement de poste en poste. C'est la première ronde de cet officier qui est appelée *ronde-major ;* toutes les autres qu'il juge à propos de faire ne sont plus reçues que comme *simples* rondes.

Les rondes sont reconnues comme il est

prescrit articles 274 et 282 du service intérieur.

TITRE XVI.

Du service des officiers supérieurs des troupes dans les places.

Le commandant de la place fera, quand il le jugera à propos, commander un ou plusieurs officiers supérieurs des régiments de la garnison, pour faire la visite des postes.

Les officiers supérieurs entrant de service, se trouveront à onze heures chez le commandant de la place pour y prendre ses ordres.

Ils se rendront sur la place d'armes à l'heure où les nouvelles gardes de la garnison s'y rassembleront, pour veiller à ce qu'elles arrivent dans l'ordre convenable, et les faire ensuite manœuvrer et défiler, si le commandant de la place le juge à propos.

Ils feront la visite des postes aux heures indiquées par le commandant de la place.

Lorsque les officiers supérieurs de service se présenteront devant un corps-de-garde, le commandant du poste en fera sortir les cavaliers, pour les former sur un ou plusieurs rangs, selon que la garde devra être disposée, et reposée sur les armes; et il se mettra à leur tête, pendant que lesdits officiers supérieurs en feront l'inspection.

Les officiers supérieurs examineront si tout est en règle dans le poste, feront faire l appel, se feront rendre compte du nombre des sentinelles, verront si elles sont postées comme elles doivent l'être; ils leur feront répéter leur consigne en présence du brigadier de pose, ayant eux-mêmes, pour la vérifier, la consigne générale du poste.

Si le commandant de la place ordonne que cette visite soit faite pendant la nuit, les officiers supérieurs qui la feront, prendront le mot de l'officier commandant le poste d'où ils devront la commencer, et seront reçus par tous les postes comme le major de la place à sa première ronde.

Les officiers supérieurs rendront compte au commandant de la place de ce qu'ils auront remarqué dans la visite qu'ils auront faite des postes.

Les officiers supérieurs sortant de service

veilleront à ce que les anciennes gardes descendent la garde et soient ramenées à leur quartier dans l'ordre prescrit.

TITRE XVII.

Des détachements de guerre et partis[1].

TITRE XVIII.

De l'assemblée des troupes.

Lorsque les troupes prendront les armes pour les exercices et manœuvres générales, elles se conformeront à ce qui est prescrit par l'ordonnance sur le service intérieur.

Toute troupe de cavalerie sera instruite, le jour de son arrivée dans une place, du poste qu'elle devra occuper en cas d'alarme.

Les commandants des places feront à cet effet une disposition générale, d'après laquelle seront dressées les instructions particulières pour tous les régiments, gardes et postes de la garnison.

[1] Voyez le décret du 24 décembre 1811 et l'ordonnance sur le service des troupes en campagne.

Cette disposition comprendra les différents évènements qui pourraient occasionner l'alarme, de manière que les instructions particulières indiquent les différences relatives à chacun de ces cas, et que les troupes sachent parfaitement ce qu'elles auront à faire.

L'alarme, de telle espèce qu'elle soit, sera reconnue par la *générale* sonnée à l'improviste ; chaque régiment se rendra alors, sans perte de temps, au lieu qui lui aura été indiqué par son instruction, et y attendra les ordres du commandant de la place.

Les postes exécuteront ce qui leur est prescrit par le titre XI, et ce qui leur sera indiqué plus particulièrement dans les instructions du commandant de la place.

Les commandants des places feront, quand ils le jugeront à propos, sonner la *générale* à l'improviste, soit de jour ou de nuit, pour juger de l'effet de la disposition générale ordonnée par l'article 5, et de la promptitude des troupes à l'exécuter.

TITRES, XIX, XX, XXI, XXII ET XXIII.

Ces titres sont modifiés par l'ordonnance sur le service intérieur.

TITRE XXIV.

Hôpitaux. — Plantons.

Il est commandé tous les jours, à l'ordre général, un capitaine sur toute la garnison, pour faire la visite des hôpitaux et des prisons militaires.

Dans la visite d'hôpital; le capitaine déguste, taut à la cuisine qu'à la dépense, le bouillon, le vin et les autres aliments; et, après en avoir reconnu la qualité, il inscrit et son avis sur un registre ouvert à cet effet. Il ne peut donner aucun ordre dans l''hôpital, ni s'immiscer dans les détails de l'administration; mais il rend compte au commandant de la place des réclamations qui lui ont paru fondées, conformément au règlement général sur le service des hôpitaux militaires, du 1.er avril 1831.

Les chefs de corps peuvent visiter leurs malades dans les hôpitaux quand ils le jugent convenable. Les chirurgiens-majors les visitent deux fois par semaine, conformément à l'article 75 du service intérieur.

Le commandant de la place fait lui-même des visites à l'hôpital, soit de jour, soit de nuit, toutes les fois qu'il le juge convenable.

Un sous-officier, que les différents corps de la garnison fournissent à tour de rôle, est de planton à l'hôpital pendant vingt-quatre heures. Il se conforme aux dispositions de la consigne qui doit être affichée à la porte de la cuisine, et de plus aux ordres donnés par le sous intendant militaire pour le maintien de la police intérieure de l'hôpital.

Les pesées de viande sont faites en présence du sous-officier de planton. Les clefs des marmites lui sont remises, après que le bouillon a été écumé en sa présence et qu'on y a mis le sel et les légumes. C'est en sa présence que les portions ou fractions de portion de viande doivent être pesées.

Lorsqu'il a des observations à faire sur ces différentes pesées, il s'adresse au comptable; et, s'il n'y est pas fait droit, il en fait son rapport, par écrit, au sous-intendant militaire.

Sur la demande de l'officier d'administration comptable, il assiste aux visites des officiers de santé, pour faire observer l'ordre et le silence parmi les malades.

Il doit suivre encore, dans sa visite, tout officier-général, superieur ou autre.

Tout sous-officier, brigadier ou cavalier, commandé de planton ou d'ordonnance, doit être dans une tenue régulière, et ne pas quitter son poste qu'il n'en ait la permission expresse ; il doit porter promptement les dépêches dont il est chargé, revenir aussitôt rendre compte de sa mission et remettre les reçus. Il se tient debout, dès que la personne près de laquelle il est de service, ou tout autre officier, paraît devant lui. Il se conforme du reste à l'art. 251 de l'ordonnance sur le service intérieur.

TITRE XXV.

Des prisons militaires.

Les prisons militaires d'une place seront toujours séparées des prisons civiles ; et à cet effet, à mesure que les circonstances le permettront, il sera bâti des prisons militaires dans les places où il n'y en aura pas.

Ces prisons militaires seront disposées de manière que les chambres ou salles destinées pour les cavaliers et trompettes, n'aient point de communication avec celles dans lesquelles on devra mettre les sous-officiers, ni celles-ci avec les chambres des officiers.

A cet effet, la prison des sous-officiers sera placée dans des chambres particulières.

Chaque cachot sera pareillement séparé, et n'aura aucune communication, ni avec les autres cachots, ni avec les salles ou autres chambres de la prison.

Il n'y aura d'autres meubles dans les chambres destinées aux officiers, qu'un lit garni, une table, une chaise, un chandelier et un pot à l'eau.

Tout officier qui sera mis en prison ne pourra être visité par qui que ce soit, sans une permission par écrit du commandant du corps, visée par le commandant de la place.

Il n'y aura dans les chambres des sous-officiers et cavaliers d'autres meubles que des bois de lits et des baquets.

Il sera fourni une botte de paille du poids de 6 kilogrammes à chaque sous-officier et cavalier, le jour qu'il entrera en prison, et cette paille sera renouvelée tous les huit jours.

Tout sous-officier ou cavalier qui sera mis en prison sans être écroué, y recevra les vivres de son régiment, conformément aux articles 222 et 252 de l'ordonnance sur le service intérieur, et l'article 5 de l'arrêté du 24 août 1798 ; il recevra du linge blanc toutes les semaines et sera rasé par les soins d'un perruquier qui devra faire sa visite deux fois par semaine.

Lorsqu'un sous-officier ou cavalier tombera malade dans la prison, le geôlier en fera avertir sur le champ le chirurgien-major du régiment auquel appartient le prisonnier malade, et à son défaut celui de l'hôpital militaire, qui sera obligé de venir aussitôt visiter le malade ; et s'il le trouve dans le cas d'aller à l'hôpital, il en donnera avis au commandant du régiment, lequel fera demander au commandant de la place la permission de faire sortir de prison le sous-officier ou cavalier malade, pour l'envoyer à l'hôpital.

Le commandant de la place ayant donné ladite permission par écrit le prisonnier malade sera conduit à l'hôpital par un maréchal-des-logis de son escadron ; si le prisonnier est criminel, il sera escorté à l'hôpital par un brigadier et quatre cavaliers de son régiment, et il sera gardé jour et nuit par une sentinelle, qui à cet effet sera placée à côté de son lit, et qui y sera relevée toutes les heures.

Le geôlier ne pourra, sous peine d'être chassé, laisser entrer d'autres aliments pour les sous-officiers ou cavaliers que ceux de l'ordinaire.

Il lui sera défendu, sous la même peine, de vendre ou donner auxdits sous-officiers ou cavaliers aucune autre espèce d'aliments ou de boissons, ni de les placer séparément des autres prisonniers de leur classe, chaque prisonnier devant rester dans la chambre commune à son grade.

Il sera nommé, tous les jours, à l'ordre général, un capitaine, qui roulera sur toute la garnison, pour faire la visite de la prison, vérifier si la police y est exercée, si le geôlier exécute ce qui lui est ordonné, s'il n'y a pas de sous-officiers ou cavaliers qui soient malades, ou qui aient besoin d'être rasés, de changer de linge et en rendre compte ensuite au commandant de la place.

TITRE XXVI.

Des conseils de guerre et exécutions[1].

Les conseils de guerre qui seront assemblés dans les places, se tiendront dans une salle à ce destinée.

Les conseils de guerre seront composés de sept membres :

1.° D'un colonel ou lieutenant-colonel, président ;

2.° D'un chef d'escadron ;

3.° De deux capitaines ;

4.° d'un lieutenant ;

5.° D'un sous-lieutenant ;

6.° D'un sous-officier[2].

[1] Voyez les lois du 12 mai 1793 et du 13 brumaire an V (3 novembre 1796), et les décrets du 17 frimaire an XIV (8 décembre 1805).

[2] Conformément au décret du 16 février 1807, il peut être choisi, en cas d'insuffisance

Les fonctions de rapporteur seront remplies par un capitaine, et celles de procureur du roi par un autre capitaine.

Pour les conseils de guerre permanents des divisions militaires, les greffiers sont commissionnés par le ministre de la guerre.

Pour les conseils de guerre spéciaux, les greffiers seront au choix du rapporteur; ils seront nommés par le lieutenant-général commandant la division, après approbation du ministre de la guerre.

Les membres des conseils de guerre seront nommés par le général commandant la division.

A moins de maladie bien constatée, aucun officier ou sous-officier ne pourra refuser sa nomination.

Tout justiciable du conseil de guerre prévenu d'un délit militaire sera mis en état d'arrestation, sous la garde d'une force suffisante.

L'officier supérieur commandant sur le lieu qui, par voie de plainte, notoriété publique,

d'officiers du grade voulu par l'article 2 de la loi du 13 brumaire an v, des officiers d'un grade inférieur jusqu'à celui de sous-lieutenant; il faut que le président soit dans tous les cas, un officier supérieur.

ou autrement, aura connaissance certaine d'un délit commis par un militaire ou autre justiciable du conseil de guerre, ordonnera sur-le-champ au capitaine faisant fonctions de rapporteur de recevoir la plainte, s'il en fait une, de faire sur-le-champ l'information, d'entendre les témoins, d'interroger le prévenu, et de lui rendre compte. A défaut de plainte, il sera également procédé à l'information.

Le conseil de guerre une fois assemblé, ne pourra désemparer avant que les prévenus pour lesquels il aura été convoqué ne soient définitivement jugés.

Le jugement de condamnation étant prononcé, le président ordonnera au rapporteur de faire ses diligences pour qu'il soit mis de suite à exécution.

Le rapporteur, muni de la copie du jugement, ira de suite en faire lecture à l'accusé, en présence de la garde assemblée sous les armes. Aussitôt après cette lecture, le rapporteur se rendra auprès de l'officier commandant : il lui donnera communication de la sentence, et le requerra, au nom du conseil de donner des ordres sur-le champ pour le lieu et l'heure de l'exécution, et le nombre d'hommes en armes qui devront s'y trouver.

Si l'accusé est condamné à une peine, soit afflictive, soit infamante ou correctionnelle, il restera en prison jusqu'au moment de l'exécution[1].

La condamnation à mort s'exécutera militairement comme il suit. D'après la loi du 12 mai 1793, il sera commandé quatre maréchaux-des-logis, quatre brigadiers et quatre cavaliers, les plus anciens, pris à tour de rôle dans la troupe du prévenu, autant que faire se pourra, sinon toujours dans la troupe présente sur les lieux où l'exécution devra se faire.

On placera ces douze militaires sur deux

[1] Il n'y a de peines afflictives et infamantes que : la mort, les travaux forcés ou les fers à perpétuité, la déportation, les travaux forcés (ou les fers) à temps, la détention, la réclusion : les peines infamantes seulement sont le bannissement, la dégradation civique.

En vertu d'une circulaire du 7 octobre 1830, il est sursis à toute exécution d'un arrêt du conseil de guerre condamnant à une peine afflictive ou infamante pour insubordination, jusqu'à ce qu'il en ait été referé au roi.

rangs : ce sont eux qui sont chargés de faire feu sur le coupable quand le signal leur en est donné par l'adjudant.

L'exécution se fera sur une place indiquée à cet effet, en présence de la troupe du prévenu, lorsqu'elle sera sur le lieu, qui sera rangée en bataille et sans armes, sinon en présence de la troupe qui aura fourni les tireurs.

En vertu de l'article 38 de la loi du 13 brumaire an v, le capitaine rapporteur doit être présent à l'exécution.

Il sera commandé un piquet de 50 hommes en armes pour conduire le coupable au lieu de l'exécution ; la gendarmerie sera également commandée quand il y en aura ; l'un et l'autre seront chargés, sous les ordres du commandant, de veiller au maintien de l'ordre et de la police qui doivent régner dans ces sortes d'exécutions.

Le coupable étant arrivé au centre des troupes, on lui lira le jugement à haute voix, on le dégradera de ses armes [1], après quoi on le conduira au lieu du supplice.

[1] Voir le code pénal.

L'exécution étant faite, les troupes défileront devant le mort[1].

TITRE XXVII.

Des honneurs militaires[2].

(Extrait du décret du 24 messidor an XII)
(15 juillet 1804).

Dans les villes où, en exécution de l'article 45 de la loi du 18 germinal an X, les cérémonies religieuses peuvent avoir lieu hors des édifices consacrés au culte catholique, lorsque le Saint-Sacrement passe à la vue d'un poste, les officiers, sous-officiers et cavaliers prennent les armes, et le chef du poste commande, *présentez (vos) armes, genou (à) terre;* le trompette sonne la marche. Les gardes de cavalerie montent à cheval, mettent le sabre à la main, présentent

[1] Par une disposition prise en conseil des ministres, le 6 septembre 1831, il est sursis aux condamnations à mort, soit par les conseils de guerre, soit par les cours d'assises, jusqu'à ce qu'il en ait été référé au roi.

[2] Voir le n.° 310 de l'ordonnance du 2 novembre 1833, sur le service intérieur.

le sabre, les trompettes sonnent la marche; les officiers et les étendards saluent.

Si le Saint-Sacrement passe devant une troupe sous les armes, elle s'arrête et se forme en bataille si elle est en marche, et rend les honneurs prescrit ci-dessus.

Le premier poste devant lequel passe le Saint-Sacrement fournit deux ou quatre hommes à pied pour escortes le dais; ils portent l'arme, et sont relevés de poste en poste jusqu'à l'église.

Pour le roi, les gardes, postes ou piquets prennent les armes et les présentent, les trompettes sonnent la marche. Les postes à cheval mettent le sabre à la main, les trompettes sonnent la marche, les officiers saluent.

Pour les princes du sang, la troupe prend les armes et les porte; la cavalerie monte a cheval et met le sabre à la main, les trompettes sonnent la marche.

Les ministres et les maréchaux de France reçoivent les mêmes honneurs.

Pour un lieutenant-général, la troupe prend les armes, ou monte à cheval, les trompettes sonnent des appels.

Pour un maréchal-de-camp employé, la troupe rend les mêmes honneurs, excepté que les trompettes se tiennent prêts à sonner, mais ne sonnent point.

Pour un commandant de place, la troupe se met en bataille, et se repose sur les armes. La cavalerie monte à cheval, mais ne met point le sabre à la main.

Les commandants des gardes, postes et piquets veillent à ce que les sentinelles rendent les honneurs ainsi qu'il est expliqué, article 276 de l'ordonnance sur le service intérieur.

Pour un préfet en tournée entrant dans une ville de son département, les postes prennent les armes et les portent, les trompettes se tiennent prêts à sonner. On lui rend les mêmes honneurs, lorsqu'il est accompagné d'un cortége pour se rendre à une cérémonie publique.

Pour les cours de justice et les corps municipaux marchant en cortège, les postes prennent les armes; ils les présentent pour la Cour de cassation, les portent pour les Cours royales, et se reposent dessus pour les tribunaux de première instance et les municipalités.

Les trompettes sonnent des appels pour la Cour de cassation et les cours royales ; ils se tiennent prêts à sonner pour les autres corps judiciaires et municipaux.

Les gardes ou troupes quelconques qui se rencontrent en route se cèdent mutuellement la droite.

TITRE XXVIII.

Des honneurs funèbres[1].

Il sera rendu les honneurs funèbres, par les troupes, aux princes français, aux grands dignitaires du royaume, aux ministres, aux grands officiers du royaume, aux militaires de tous les grades, aux pairs de France et aux conseillers d'état, morts dans le cours de leur mission ; aux membres de la Chambre des députés morts dans l'exercice de leurs fonctions ; aux préfets dans leurs départements, et aux membres des ordres royaux de la Légion-d'Honneur.

La totalité de la garnison assistera au convoi de toutes les personnes ci-dessus dé-

[1] Extrait du décret du 24 messidor an XII.

signées, pour l'entrée d'honneur desquelles elle se fût mise sous les armes.

Pour les autres, il n'assistera que des détachements dont la force et le nombre seront déterminés ci-après :

Pour un gouverneur employé, la totalité de la garnison prendra les armes ;

Pour un lieutenant-général employé, la moitié de la garnison prendra les armes ; pour un maréchal-de-camp employé, le tiers de la garnison prendra les armes ;

Dans aucun cas, il n'y aura néanmoins au-dessous de deux cents hommes au convoi des lieutenants généraux, et de cent cinquante au convoi des maréchaux-de-camp.

Pour tout pair de France et membres de la Chambre des députés qui mourront dans la ville où les chambres tiendront leurs séances, pour tout conseiller d'état mort dans l'exercice de ses fonctions, et dans la ville où siégera le conseil d'état, la garnison fournira quatre détachements de cinquante hommes, commandés chacun par un capitaine et un lieutenant. Les quatre détachements seront aux ordres d'un chef d'escadron.

Pour les lieutenants du roi, la moitié de la garnison.

Pour les adjudants de place, un détachement.

Pour les intendants militaires en chef, quatre détachements.

Pour les intendants militaires, trois.

Pour les sous-intendants militaires, deux.

Pour les adjoints aux sous-intendants, un.

Si les intendants, sous-intendants militaires et adjoints ne sont point en activité, il y aura, dans chaque grade, un détachement de moins.

Les colonels en activité, quatre détachements.

Les lieutenants-colonels, deux détachements.

En retraite ou en non-activité, un détachement.

Les chefs d'escadron seront traités comme les lieutenants-colonels.

Les capitaines en activité, non-activité ou en retraite, auront un détachement.

Les lieutenants ou sous-lieutenants, un demi-détachement.

Les sous-officiers, un quart de détachement.

Les brigadiers, un huitième de détachement.

Les grands officiers de l'ordre royale de la Légion-d'Honneur, comme les lieutenants-généraux employés.

Les commandeurs, comme les colonels.

Les officiers, comme les capitaines.

Les chevaliers, comme les lieutenants.

Les détachements accordés par l'article ci-dessus ne seront que de moitié lorsque les grands-officiers, commandeurs, officiers et chevaliers, seront en retraite.

Les troupes qui marcheront pour rendre des honneurs funèbres, seront commandées, lorsque la garnison entière prendra les armes, par l'officier général ou supérieur du grade le plus élevé, ou le plus ancien dans le grade le plus élevé, employé dans la garnison.

Quand il n'y aura qu'une partie déterminée de la garnison qui marchera, les troupes seront commandées par un officier du même grade que celui à qui on rendra des honneurs funèbres.

Quand il ne marchera que des détachements, quatre seront commandés par un colonel, trois par un lieutenant-colonel, deux par un chef d'escadron, et par un capitaine, un demi par un lieutenant, un quart par un maréchal-des-logis, un huitième par un brigadier.

L'infanterie fournira, autant que faire se pourra, les détachements pour les convois funèbres; à défaut d'infanterie, ils seront fournis par les corps d'artillerie et du génie, et à défaut de ceux-ci, par la cavalerie.

La cavalerie marchera toujours à pied, pour rendre les honneurs funèbres.

Pour les colonels qui mourront sous les drapeaux, le régiment entier marchera en corps au convoi.

Pour les lieutenants-colonels, la moitié du corps.

Pour les chefs d'escadrons et major, un escadron.

Pour un capitaine, une division.

Pour un lieutenant ou sous-lieutenant, son peloton.

Pour un sous-officier, un quart de détachement.

Pour un brigadier, un huitième de détachement.

Les dispositions ci-dessus sont indépendantes de celles prescrites précédemment.

Les sous-officiers et cavaliers d'escorte portent l'arme sous le bras droit; ils font trois décharges de leurs armes, la première au moment où le convoi sort du lieu où le corps a été déposé [1] ; la seconde au moment où le corps arrive au cimetière ; la troisième se fait après l'enterrement, individuellement et par chaque homme en défilant devant la fosse.

On tirera, pour les princes et grands dignitaires, un coup de canon de demi-heure en demi-heure, depuis leur mort jusqu'au moment du départ du convoi.

D'heure en heure, pour les ministres et les grands-officiers.

Pour tous les autres fonctionnaires, on tirera, pendant le temps de leur exposition, autant de coups de canon qui leur en est accordé pour leur entrée d'honneur.

Il sera de plus tiré, au moment où le corps sera mis en terre, trois décharges de canon, chacune égale à celle qu'il leur est attribuée pour les honneurs militaires.

Les coins du poêle seront portés par quatre personnes du rang ou grade égal à celui du

[1] En sortant de l'église.

mort, ou, à défaut, par quatre personnes du rang ou grade inférieur.

Il sera mis des crêpes aux étendards qui marcheront aux convois ; il sera mis des sourdines et des crêpes aux trompettes.

Les frais de funérailles seront faits par l'État pour tout individu mort sur le champ de bataille, ou dans les trois mois, et des suites des blessures qu'il aura reçues.

Les crêpes ne resteront un an aux drapeaux que pour le roi. Pour le colonel du corps, ils resteront jusqu'à son remplacement.

Tous les officiers porteront le deuil de leur colonel, pendant un mois ; il consistera en un crêpe à l'épée. Les deuils de famille ne seront portés qu'au bras gauche.

TITRES XXIX, XXX.

Ces deux titres sont abrogés.

TITRE XXXI.

Des troupes qui passeront dans les places.

Les régiments qui logeront ou séjourneront dans les places ou quartiers pendant leur route, ou même qui ne feront qu'y passer, observeront, à leur entrée dans lesdites places, les règles établies pour les troupes qui doivent y tenir garnison : ils enverront de même leurs trompettes sur la place d'armes pour y sonner la *retraite* avec ceux de la garnison.

TITRE XXXII.

Service intérieur.

TITRE XXXIII.

Des quartiers et villes ouvertes.

Lorsque les troupes d'infanterie, de cavalerie, se trouveront en quartier dans une ville ou autre lieu où il n'y aura point d'état-major, l'officier supérieur en grade de toutes lesdites troupes y remplira les fonctions de commandant de la place ; le plus ancien chef d'escadron ou major, celles de major, et les deux premiers capitaines, celles d'adjudants de place.

S'il se trouve en même temps de l'infanterie dans le même quartier, le commandant appartiendra à l'officier-supérieur en grade de l'infanterie ou de la cavalerie, et à grade égal, si le lieu est fermé d'une enceinte, mur ou fossé, à l'officier d'infanterie et s'il est ouvert, à l'officier de cavalerie ; dans l'un ou l'autre cas, les fonctions de major ou d'adjudant de place y seront toujours remplies par des officiers d'infanterie.

Le commandant n'établira, sous le prétexte de la comparaison du service des états-majors des places de guerre au sien, aucune règle de police pour les habitants, devant laisser ce soin aux juges de police des lieux, ou aux officiers municipaux à leur défaut.

Il se bornera à y faire servir les troupes dans le même ordre et dans la même règle que dans les places de guerre ; à y veiller à la discipline et subordination, et le commandant de place en rendra compte à l'officier-général, dans la subdivision duquel leurs quartiers seront situés.

Lorsque le major d'un quartier en partira pour suivre le régiment, il remettra au major qui le relèvera le registre des postes et du service journalier ; mais s'il ne doit être relevé par personne, il laissera le dit registre au maire ou autre officier municipal dudit quartier, qui sera tenu de le remettre au major du premier régiment qui viendra par la suite s'y établir.

Le commandant et autres officiers qui rempliront les fonctions des états-majors de places dans les quartiers et lieux où seront leurs régiments, pourront s'absenter sur les congés et permissions ordinaires, sans que lesdites fonctions y puissent mettre obstacle : ils y seront en ce cas remplacés par les officiers supérieurs et autres les plus anciens en grade après eux.

TITRE XXXIV.

Des citadelles, forts et châteaux.

Le service se fera dans les citadelles, forts et châteaux, comme il est prescrit pour toutes les places de guerre.

TITRE XXXV.

De la conservation des fortifications et bâtiments militaires [1].

[1] Voyez la loi du 10 juillet 1791 et le règlement du 17 août 1824.

TITRE XXXVI.

Des émoluments des états-majors des places.

Voyez le décret du 24 décembre 1811.

TITRE XXXVII.

Des droits et prérogatives des différents corps de troupe.

Voyez l'ordonnance sur le service en campagne, titre 1.er, art. 4.

Fait à Versailles, le 1.er mars 1768.

Signé LOUIS.

Et plus bas:

Le duc DE CHOISEUL

FIN.

TABLE DES MATIÈRES.

FIN DE LA TABLE.

EXTRAIT DU CATALOGUE

DE LA LIBRAIRIE MILITAIRE

DE VERRONNAIS, A METZ.

COURS ABRÉGÉ D'ÉQUITATION MILITAIRE, à l'usage des Troupes à cheval, avec 20 figures imprimées dans le texte, par *A. Dupont*, Capitaine-Instructeur au 5.ᵉ Régiment de Dragons; 1.ʳᵉ PARTIE : Connaissance du cheval; 2.ᵉ PARTIE : Notions d'Hygiène, 1 vol. in-32 broché, 75 c.; cartonné, 90 c., et relié 1 fr. 10 c.

Sous un cadre très-restreint, ce Cours est un résumé des meilleurs auteurs pour un élève attentif aux leçons orale et pratique, comme pour celui qui a étudié dans des ouvrages plus étendus, cet extrait est donc un *memento*. Le cadre est conforme à celui du cours officiel d'équitation militaire (1.ʳᵉ et 2.ᵉ parties), mais une forme différente a été suivie à l'égard de plusieurs questions. Quelques articles sont ébauchés, d'autres plus importants ont reçu le développement nécessaire; enfin, le tout a été abrégé dans le but de réduire le format et le prix, et surtout afin que les Sous-Officiers puissent être possesseurs de ce petit volume, qui contient cependant tout ce qui est nécessaire à la connaissance du cheval et à la conservation de sa santé. Les notions générales sur l'hygiène sont en rapport avec les diverses positions où le cheval de troupe peut se trouver. Cette question importante, son application, qui est une condition si essentielle de conservation, a nécessité un développement qui, sans contenir tous les détails scientifiques qu'elle comporte, suffira pour en répandre des éléments profitables.

MANUEL DES SOUS-OFFICIERS DE CAVALERIE, par demandes et par réponses, contenant leurs devoirs pour chaque grade, d'après les règlements et ordonnances en vigueur; par *Fougère*, Capitaine-Commandant au 10.e Régiment de Cuirassiers.

Rendre pour les Sous-Officiers la théorie facile à apprendre, à retenir et à réciter; la dérouler pour ainsi dire sous les yeux, en la rapprochant le plus possible de la pratique, tel a été le but que s'est proposé le Capitaine *Fougère*, en le rédigeant par demandes et par réponses (1).

Né et elevé dans les camps, il a désiré faciliter cette étude, toujours aride, à une classe de militaires à laquelle il s'honore d'avoir longtemps appartenu, en cherchant à réunir dans un seul volume toutes les connaissances que les Sous-Officiers doivent posséder.

De même que pour le Manuel du Brigadier, il a compulsé et consulté tous les Règlements et ordonnances en vigueur, ainsi que les ou-

(1) Cette manière de faire la théorie est plus facile pour aider la mémoire de ceux qui doivent y répondre; et les mettre constamment au courant de l'article.

vrages qui traitent des différentes positions où peuvent se trouver les Sous-Officiers, soit en station, en route, en campagne, ou comme chefs de détachement.

Pour quelques articles du service en campagne, vingt-cinq année de guerre ayant augmenté les ruses journalières des combats de chicane qu'on emploie aux avant-postes; sans s'écarter des règlements, il a suivi ce que l'usage, l'expérience et la pratique, qui coûtent toujours si chers devant l'ennemi, ont fait adopter comme règles utiles à transmettre à notre jeune armée.

Les Sous-Officiers touchent de si près au grade d'Officier, que le Capitaine *Fougère* n'a pas hésité de comprendre dans ce Manuel quelques notions sur les connaissances militaires qu'ils devront avoir un jour, lorsqu'ils auront atteint ce grade, 1 vol. in-32 de 350 pages, broché, 1 fr.

Le même, cartonné solidement, 1 fr. 25 c.

MANUEL DU BRIGADIER; I.re PARTIE, par demandes et par réponses, par le Capitaine *Fougère*; contenant: 1.° l'Extrait du service de place, avec les modifications en usage aujourd'hui, 2.° l'Extrait du Service intérieur; 3.° Routes dans l'intérieur; 4.° Position du Soldat malade; 5.° l'Instruction sur l'entretien des armes; 6.° Devoirs des Brigadiers comme guides aux ailes des pelotons; 7.° l'Extrait du Service en campagne; 8.° les Devoirs du Soldat pendant le combat; 9.° l'Hygiène et Recettes d'entretien; 10.° le Mode d'avancement, les Pensions de retraite; 11.° le Tableau des prestations en nature; 12.° les Effets d'habillement que les hommes emportent en cas de mutation par suite de congés, semestres, passage à d'autres corps ou de libération définitive; 13.° les Distributions de chauffage aux troupes et de l'éclairage; 14.° les Mesures de capacité pour les liquides; 15.° la taille de l'homme en pieds et évaluée en mètres; 3.e édition, 1 vol. in-32 broché, 60 c.

— Le même ouvrage, contenant de plus la 2.e partie : les Écoles du Cavalier à pied et à cheval, les quatre premières leçons, depuis l'article 1.er à 181, Tir à la cible à pied; article 272 à 433, Tir à la cible à cheval; les titres 2 et 3; Instruction à pied et à cheval, et modifications apportées à l'Ordonnance du 6 décembre 1829, pour l'arme des lanciers, l'Instruction sur les exercices à pied et à cheval des dragons; l'Instruction sur la voltige militaire à l'usage des corps de troupes à cheval, du 26 juin 1842; la théorie de la charge et des feux du fusil à percussion, supplément à l'école du cavalier à pied et à cheval, du 31 mars et 25 juin 1842. Dragons.

Un volume in-32, avec quarante huit planches lithographiées, broché, 1 fr. 25 c.

Le même ouvrage, sans planches, br., 1 fr.

Le même ouvrage, contenant les 1.re et 2.e parties, avec les Écoles de peloton à pied et à cheval, article 182 à 590; 1 volume in-32, broché, 1 fr. 50 c.

Le même ouvrage, contenant seulement la 2.e partie, les articles 1.er à 181 et 272 à 433; 1 vol. in-32 avec 48 planches, br., 75 c.

Idem, sans les planches, broché, 50 c.

LIVRET DE L'OFFICIER DE PELOTON (Cavalerie), de 54 feuillets in-32, comme ci-desssus, pour 140 hommes et 130 chevaux, poche, 2 feuillets vraie peau d'âne, fermé par un crayon, lithographié, couvert en percaline imprimée, très-propre, 1 fr. 50 c.

Idem, de MARÉCHAL-DES-LOGIS, avec le Contrôle par rang de taille; 2 feuillets peau d'âne, crayon et poche, couvert en percaline, 1 franc.

MANUEL DU SERVICE DE LA CAVALERIE LÉGÈRE EN CAMPAGNE, par le comte de *La Roche-Aymon*; 75 cent.

ORDONNANCE SUR L'EXERCICE ET LES ÉVOLUTIONS DE LA CAVALERIE, du 6 décembre 1829, contenant l'Ecole du Cavalier à pied, modifiée d'après les Instructions provisoires des 31 mars et 25 juin 1842, et la décision ministérielle du 3 septembre 1843, concernant le Fusil à percussion et le Tir à la Cible, mis en ordre pour les Dragons, par M. *Dupont*, Capitaine-Instructeur au 5.e Régiment de Dragons; 1 vol. in-32, 30 c., cartonné, 40 c.

La même, sur l'École du Cavalier à cheval, précédée de l'Instruction pour la Voltige militaire, à l'usage des Corps de troupes à cheval, mis en ordre par le même Capitaine; 1 vol. in-32 broché, 40 c., cartonné, 50 c.

Ces deux écoles reliées en un seul vol., 1 fr.

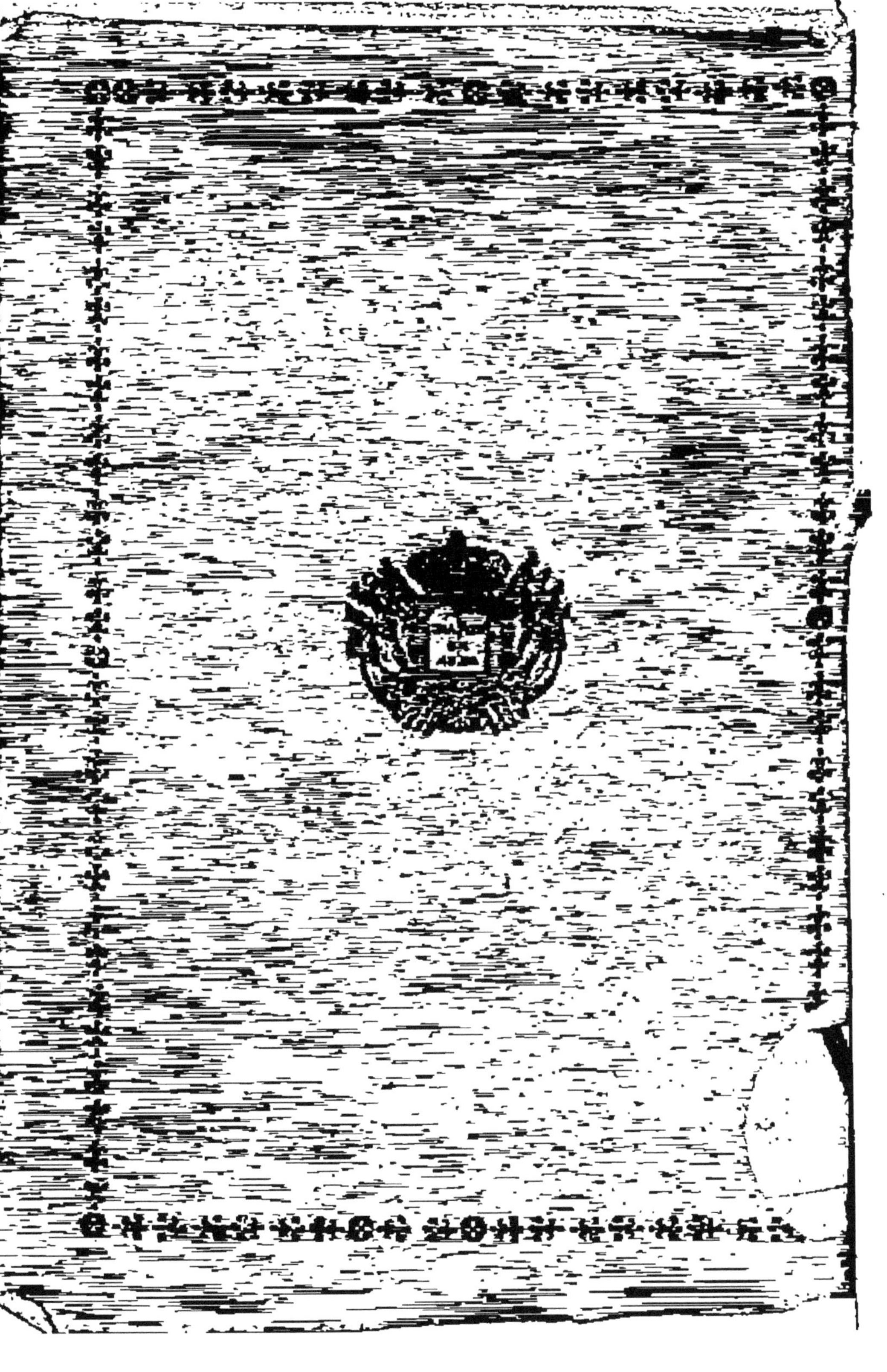

www.ingramcontent.com/pod-product-compliance
Ingram Content Group UK Ltd.
Pitfield, Milton Keynes, MK11 3LW, UK
UKHW022122190726
13855UKWH00003B/1005